출.애.굽. 프.로.젝.트. 첫. 단.계.

복음의 시작

양익모 지음

한국장로교출판사

여는 글

천안함 사고, 아일랜드 화산폭발, 그리고 멕시코 만의 원유 유출 사건…….
우리는 불안과 두려움 속에 살아가고 있습니다.
각종 재난, 질병, 전쟁, 기아, 금융위기가 우리를 위협하고 있습니다.
이렇게 삶에 지치고 피곤한 영혼들을 하나님은 초청하고 계십니다.

"수고하고 무거운 짐 진 자들아 다 내게로 오라 내가 너희를 쉬게 하리라 나는 마음이 온유하고 겸손하니 나의 멍에를 메고 내게 배우라 그리하면 너희 마음이 쉼을 얻으리니"(마 11 : 28 – 29).

이 책은 이런 분들에게 쉼과 평안, 기쁨과 소망을 주고
이런 고난과 고통, 불행이 없는 나라(The Kingdom of God)로,
천국의 삶으로 안내해 줄 것입니다.
만일 인간의 근본적이고도 궁극적인 문제가 해결된다면
그리고 현실적인 문제도 극복된다면
진정 당신은 행복한 사람이 됩니다.

그 아름다운 여행길을 함께 출발해 보실까요?

일러두기

많은 그리스도인들이 복음에 대한 바른 이해가 없습니다. 그러므로 신앙의 바른 방향도 축복된 삶도 누리지 못합니다.

이 책은 복음을 성경을 근거로 하여 설명하고 있습니다. 이 교재를 따라 공부할 때 구원의 확신은 물론 복음의 의미를 깨닫고 하나님 나라의 삶을 누리는 사람이 됩니다.

이 책은 개인적으로, 셀, 구역, 새신자반, 대학 청년부에서 두루 사용할 수 있습니다.

보다 효과적인 학습효과를 위해 이 책을 공부하는 몇 가지 방법을 알려 드립니다.

첫째, 좋은 학습 분위기를 위해 아이스 브레이크를 다양하게 사용해 봅시다. 간단한 게임, 인간관계 훈련, 찬송과 기도로 시작합니다.

둘째, 본문을 공부하기 전 제목을 따라 어떤 내용일지 서로 얘기를 나누어 봅시다.

셋째, 성경 본문을 찾아 적고, 그 핵심 내용을 파악해 봅시다. 자신이 파악한 내용과 본문 아래 참고로 있는 설명을 비교해 봅시다.

넷째, 한 과가 끝날 때에 깨달은 내용을 다른 사람과 나누어 봅시다. 그렇게 될 때 보다 분명한 나의 지식이 될 것입니다.

끝으로 함께 찬양하고 함께 깨달은 말씀으로 기도하며 마무리합니다.

차 례 Contents

몸과 마음을
풀어 주는
Ice Break

당신은 누구십니까?

당신의 별명이 있다면?
당신은 어느 때에 즐거워하고, 어떤 때에 슬퍼하며,
어떠한 때에 화를 냅니까?

1장

복음이란 무엇입니까?

기독교의 시작은 '복음과 함께' 입니다.
복음이란 무엇입니까?
그것은 당신에게 주신 하나님의 가장 큰 선물입니다.

■ **일반적인 복음의 의미**

1. 복음이란 말을 들어 본 적이 있습니까? 그 일반적인 의미는 무엇입니까?

2. 지금까지 당신의 생애 중 가장 기뻤던 소식은 무엇입니까?(3가지)

3. 세상 사람들이 꿈꾸는 이상적인 삶은 무엇입니까? 그것과 비교하여 내게 꿈이 있다면 무엇입니까?

○ 조용히 눈을 감아 봅시다. 그렇게 기대하고 꿈꾸는 일들이 실제로 모두 이루어진다면 당신의 느낌은 어떠할 것 같습니까?

■ **성경적인 복음**

4. 예수님이 이 땅에 오셔서 하신 일이 무엇입니까? '은혜의 해' 란 무엇입니까?(레 25 : 10)

○ '은혜의 해'란 성경에서 희년이라고도 합니다. 50년이 되는 해에 종 되었던 사람은 자유의 몸이 되어 자신의 집으로 돌아갑니다. 빚으로 넘어갔던 땅을 돌려받습니다. 은혜의 해, 이것은 회복의 해입니다. 이 희년은 신약시대를 살고 있는 우리에게 어떤 의미가 있습니까?(롬 14 : 17, 계 21 : 7)

○ 쫓겨났던 하나님 나라에 다시 들어가게 되는 것이 복음이며, 이것은 예수 그리스도를 통해서만 이루어질 수 있습니다.

○ 복음이란 살 길이 있다는 것입니다. 더 잘 살 길이 있다는 것입니다. 영원히 잘 살 길이 있다는 것입니다.

○ 요한복음 2장 1~11절을 읽고, 복음의 의미를 찾아보십시오.

○ 복음이란 예수님이 하나님께로부터 가져온 기쁜 소식이며, 예수 그리스도를 통해 일어난 구원사건입니다,

4. 주의 성령이 내게 임하시면 어떤 일들을 하게 됩니까?(눅 4 : 18-19)

____

____

○ 배가 고픈 사람, 눈 먼 사람, 앉은뱅이, 한센병 환자, 죄인, 갇힌 자, 암 환자, 파선당한 배에 있는 자 등 이런 사람들에게 가장 기쁜 소식은 무엇입니까?

복음의 본질은 ________ 이며 내용은 ________ 입니다.

▮ **영상, 음악과 함께** 밀레의 "만종"을 함께 감상하고 깨달은 점을 나누십시오.

▮ **적 용 과 나 눔** 이번 과에서 새롭게 깨달은 것과 개인적으로 적용하고 결단한 것을 기록한 후 서로 나누어 봅시다.

▮ **찬양하고 기도하기** 복음을 주신 하나님께 감사하며, 찬양과 기도로 하나님께 나아갑시다.

"나.에.게. 내.일.을. 주.시.오."

6·25동란 때에 있었던 일입니다. 미 해병 1개 중대가 압록강 전투 중에 인해전술로 밀고 오는 중국군에 완전 포위되어 몰살의 위기에 처했습니다.

그런 와중에 점심때가 되어 병사들은 각각 소나무 밑에서 도시락을 먹게 되었습니다. 살을 에는 듯한 강추위 속에서 바짓가랭이는 황토물에 젖어 북어처럼 얼어 있었습니다. 항고 속에 들어 있는 밥도 꽁꽁 얼었습니다. 대검으로 쿡쿡 찔러 얼음밥을 한 덩어리씩 입에 넣고 있었습니다. 그때 종군기자가 곁에 가서 질문을 했습니다.

"내가 하나님이라면 당신은 무엇을 구하겠습니까?

한참 침묵 속에 있던 병사가 입을 열었습니다.

"GIVE me tomorrow! 나에게 내일을 주시오."

그렇습니다. 지금 전쟁터에서 찬밥을 먹어도 좋고, 잠을 자지 않아도 좋습니다. 다 떨어진 옷을 입어도 좋습니다.

내가 살아서 내 고향으로 돌아갈 수 있다면…….

당신에게는 내일이 있습니까? 영원한 내일이 있습니까?

"사람이 만일 온 천하를 얻고도 제 목숨을 잃으면 무엇이 유익하리요 사람이 무엇을 주고 제 목숨과 바꾸겠느냐"(마 16 : 26).

몸과 마음을
풀어 주는
Ice Break

나는 사랑스러운 사람입니다

서로 돌아가며 "나는 □□□한 △△입니다."라고 소개합니다.
첫 번째 □□□에는 자신을 소개하는 형용사 단어를 넣고(예를 들어, 깜찍한, 화끈한 등),
두 번째 △△에는 1장을 시작하며 소개한 자신의 별명을 넣습니다.

소개가 다 끝난 후에는 간단하게
"나는 ○○○을 좋아하고, ○○○을 싫어합니다."
"나의 장점은 ○○○입니다."라고 소개합니다.

2장

왜 복음이 필요할까요?

복음이란 'Good News' 이며 'Top News' 입니다.
당신은 지금 행복하십니까?
삶의 불안과 두려움, 고통이 있습니까?
그렇다면 복음이 필요합니다.
본 장에서는 왜 우리에게 복음이 필요한지 알아봅시다.

1. 하나님이 처음 인간을 지으시고 살게 하신 곳은 어디이며 그곳의 생활은 어떠했습니까?(창 2 : 1-17)

___

___

○ '에덴'이란 기쁨 또는 행복의 동산이란 뜻입니다. 또는 울타리란 뜻도 있습니다. 인간은 하나님이 구별하신 곳에서 살 때 행복하다는 의미입니다. 철로 위에서 달리는 기차와 철로를 벗어난 기차의 차이점은 무엇입니까?

○ 이 땅에서 에덴의 삶을 살기 위해서는 안식일을 지켜야 합니다. 네 강물이 땅을 적시듯 내가 받은 은혜를 흘려 보내야 합니다. 선악과 열매가 아닌 생명나무 열매를 먹어야 합니다. 부부처럼 서로 도우며 살아야 합니다. 이 땅에서 에덴의 삶을 살려면 어떻게 해야 할지 생각해 봅시다.

2. 세상에 불안과 두려움, 죽음이 온 이유는 무엇입니까?(창 3 : 1-7)

___

___

○ 뱀의 유혹으로 선악을 알게 하는 나무의 실과를 따 먹었습니다. 그것이 죄입니다. 인간의 근본적인 죄악은 내가 하나님처럼 되려는 것입니다. 그것이 교만입니다. 죄의 결과 죽음이 왔습니다. 죽음에는 육체적인 죽음, 영적인 죽음, 영원한 죽음이 있습니다.

3. 아담과 하와가 죄를 짓게 되어 어떤 결과가 생겼습니까?(창 3 : 8, 10-24)

___

○ 에덴동산에서 쫓겨난 아담은 이마에 땀을 흘려 일을 해야 했습니다. 하와는 출산의 고통을 겪어야 했습니다. 땅은 가시와 엉겅퀴를 내었습니다.

4. 하나님은 아담과 하와에게 처음 복음을 주셨고, 그 복음은 어떻게 나타났습니까?(창 3 : 15, 21, 요 3 : 16)

○ 아담과 하와는 벌거벗은 수치를 가려 보려고 무화과나무로 옷을 지어 입었습니다. 그러나 이것은 인간 스스로 죄책감과 불안, 두려움에서 벗어나려는 자구책입니다. 이 옷은 일시적인 방편입니다. 이것이 바로 세상 종교입니다. 하나님이 주신 옷은 죄를 덮는 옷이었습니다. 죄 없는 짐승의 피를 흘려 지은 옷입니다. 이 옷을 하나님이 건네주실 때 아담과 하와는 어떤 심정이었을까요?

○ 아담과 하와가 죄책감과 부끄러움에서 자유하려면 어떻게 해야 했습니까? 손을 내밀어 옷을 받는 행위를 믿음이라 합니다. 받아들이면 내 것이 됩니다. 하나님의 사랑을 믿는 것입니다.

5. 인간에게 왜 복음이 필요합니까?(요 8 : 44, 막 9 : 48－49, 계 21 : 8)

① 로마서 6 : 23

② 히브리서 9 : 27

○ 인간이 죄를 지은 후 인간은 죄의 종, 마귀의 종, 죽음의 종이 되었습니다. 그 결과 세상에 모든 불행이 왔습니다. 이런 인간에게는 죽음 이후 심판이 있습니다. 심판이란 갈라놓는다는 뜻입니다. 죽음 이후에는 양과 염소처럼 가는 길이 갈라집니다.

○ 죄인들이 가야 할 곳은 어디입니까? 성경에서는 고통과 괴로움을 받는 곳, 다시는 기도 응답이 되지 않는 곳, 더 이상 천국과 지옥의 왕래가 없는 곳, 두 번 다시 기회가 주어지지 않는 곳이라고 이야기합니다. 그곳은 어떤 곳인지 알아봅시다(눅 16 : 19-31).

▮ **영상, 음악과 함께** "로댕의 생각하는 사람"을 감상해 봅시다. 지옥은 어떤 곳입니까?

▮ **적 용 과 나 눔** 이번 과에서 새롭게 깨달은 것과 개인적으로 적용하고 결단한 것을 기록한 후 서로 나누어 봅시다.

▮ **찬양하고 기도하기** 인생에 복음이 필요함을 고백하며, 복음을 전심으로 받아들이도록 기도합시다.

그. 다.음.은. 또. 어.떻.게.

16세기의 성자라고 불리는 필립 디 네리라는 사람이 있었는데, 하루는 당시 최고의 대학이었던 컨티넨탈 대학의 교정을 걷고 있었답니다.

그때 어떤 청년을 만났는데 그 청년에게 왜 이 학교에 왔느냐고 물어보니 법률공부를 하기 위해서 왔다고 하는 것입니다.

그래서 네리는 청년에게 "대학 공부를 다 마치면 무엇을 할 것인가?" 했더니 청년은 "박사 학위를 얻겠습니다."라고 대답하더라는 것입니다.

네리는 계속 질문을 하였습니다. "박사학위를 받고 나면 무엇을 하겠는가?"

"아주 힘든 문제를 몇 개 맡아 웅변과 지식으로 멋지게 변호처리해서 많은 사람들의 관심과 명성을 얻겠습니다."

네리는 다시 물었습니다. "그 다음에는 또 어떻게 되겠는가?"

청년은 "그 후에는 많은 돈을 벌고 드디어 부자가 될 것입니다."라고 말했습니다.

"그 다음에는 또 어떻게 되겠는가?"

"명성과 재물을 소유한 중에 평안히 살 것입니다."

네리는 다시 질문하였습니다. "그 다음에는 또 어떻게 되겠는가?"

"그 다음에는 내가 아마 늙어 죽게 되겠지요."

네리는 마지막으로 또 물었습니다. "그 다음에는 또 어떻게 되겠는가?"

청년은 아무 말도 하지 못했습니다.

여러분이 이 질문을 받는다면 무엇이라고 대답하겠습니까?

평생을 통하여 이루고자 하는 것은 무엇입니까? 학문입니까? 부요입니까? 명예입니까? 행복입니까? 건강입니까? 권력입니까? 쾌락입니까?

일시적이 아니라 영구적으로 내 삶을 이끄는 것은 무엇이겠습니까?

몸과 마음을
풀어 주는
Ice Break

나의 전성기

내 일생에서 가장 아팠고 후회스러운 일이 있었다면 그것은 무엇입니까?
내가 해결해야 할 문제가 있다면 그것은 무엇입니까?
서로 돌아가며 나누어 봅시다.

3장

복음을 어떻게 누릴 수 있습니까?

"부뚜막에 있는 소금도 집어넣어야 짜다."는 말이 있습니다.
아무리 좋은 하나님의 선물도 내가 받아 누리지 않는다면 아무 소용이 없습니다.
나는 어떻게 복음을 받아 누릴 수 있습니까?

1. 하나님이 인간에게 주신 복음의 약속서가 무엇입니까?(딤후 3 : 15-17)

___

___

○ 인간은 약속을 분명히 하기 위해 기록을 합니다. 특별히 중요한 것은 계약서를 쓰기도 합니다. 하나님이 우리에게 조건을 제시하십니다. 그 조건이 무엇일까요? 그것이 계약서에 기록되어 있습니다. 요한복음 20장 31절에는 이 계약서를 쓴 목적이 무엇이라고 합니까?

2. 구약과 신약에 나타난 복음을 누린 자들의 특징은 무엇입니까?

> 하나님이 베푸시는 은혜,
> 값없이 주시는 그 사랑을 내가 받아들이는 것입니다.
> 받아들이는 것, 그것을 ________ 이라 합니다.

① 창세기 3 : 21 ___

② 출애굽기 12 : 13 ___

③ 여호수아 2 : 15 ___

④ 민수기 21 : 4~9 ___

⑤ 누가복음 8 : 40~48 ___

⑥ 누가복음 15 : 11~24 ___

⑦ 누가복음 19 : 1~10 ___

⑧ 누가복음 23 : 39~43 ______________________________

3. 내가 복음을 받아 누리기 위해 해야 할 일은 무엇입니까?

① 로마서 3 : 23

____

____

○ 죄에는 양심적인 죄, 도덕적이고 윤리적인 죄, 영적인 죄가 있습니다. 원죄와 자범죄가 있습니다. 로마서 1 : 28~32을 읽고 느낀 점을 말해 봅시다.

② 요한복음 3 : 16

____

____

○ 하나님이 인간을 위해 하신 일이 무엇입니까? 속량, 대속, 구속이란 말의 의미를 아십니까? 예수님이 이 세상에 오신 목적은 무엇입니까?

③ 요한복음 14 : 6

____

____

○ 예수님은 이 세상의 모든 문제와 죽음의 문제를 해결하실 수 있는 유일한 분이십니다.

④ 요한복음 1 : 12

○ 영접이란 예수님을 나의 구주와 주님으로 받아들이는 것입니다. 예수님을 마음에 받아들일 때 성령님이 내 심령에 쑥 들어오시게 됩니다(고전 3 : 16).

4. 구원을 받는다는 것은 무엇입니까?(롬 10 : 9 - 10, 골 1 : 13)

○ 구원이란 인간을 속박하고 옥죄이는 모든 것에서 해방과 자유를 얻게 하는 것입니다. 지옥 갈 영혼이 예수님을 믿고 천국으로 가게 되는 것을 의미합니다. 예수님을 통하여 인생의 모든 문제를 해결받는 것입니다.

○ 예수님을 믿는 목적은 죽어 천국 가는 것, 이 땅 위에서도 천국의 삶을 사는 것입니다(요 10 : 10).

5. 내가 천국에 들어갈 수 있는 유일한 길은 무엇입니까?(엡 2 : 8 - 10)

○ 기독교는 이타적인 종교라고 합니다. 그 이유는 무엇입니까? 나의 공로, 선행, 종교적 수행 등으로 구원받을 수가 없고 오직 하나님이 이루어 놓으신 그 공로를 믿을 때에 가능하기 때문입니다.

▮ **영상, 음악과 함께** "고향의 봄"(이원수 작사, 홍난파 작곡) 노래를 함께 들어 봅시다. 그리고 내 고향을 소개해 봅시다. 고향이 그리운 이유는 무엇입니까?

▮ **적 용 과 나 눔** 이번 과에서 새롭게 깨달은 것과 개인적으로 적용하고 결단한 것을 기록한 후 서로 나누어 봅시다.

▮ **찬양하고 기도하기** 복음을 누리며 살아가는 기쁨을 찬양하며 하나님께 감사기도를 드립시다.

당.신.은. 믿.습.니.까.?.

윌버 체프맨이 대학생이었을 때 무디 선생의 집회에 참석했습니다.

그날도 구원에 대해서 말씀이 증거되고 있었습니다. 집회가 끝난 후 체프맨이 무디를 찾아왔습니다.

"무디 선생님, 저는 구원의 확신이 없습니다."

무디는 "당신은 예수 그리스도를 믿습니까?"라고 질문했습니다.

그는 "저는 믿기는 믿는 데 자신이 없습니다."라고 대답했습니다.

무디는 요한복음 5 : 24 말씀을 읽어 보라고 했습니다.

"내가 진실로 진실로 너희에게 이르노니 내 말을 듣고 또 나 보내신 이를 믿는 자는 영생을 얻었고 심판에 이르지 아니하나니 사망에서 생명으로 옮겼느니라."

체프맨에게 믿느냐고 하니까 믿는다고 했습니다.

"그러면 당신에게 영생이 있습니까?"라고 다시 질문하니까 "글쎄요."라고 했습니다.

무디가 한 번 더 읽으라고 했습니다.

"믿는 자는 영생을 얻었고……." "당신은 믿습니까?"

"제가 믿는다고 여러 번 말씀드리지 않았습니까."

"당신에게 영생이 있습니까?"

"제가 그것을 모르겠습니다."

이때 무디가 소리쳤습니다.

"당신이 무엇인데 하나님을 무시합니까? 하나님께서 믿는 자에게 영생이 있다면 있는 것이지."

그의 고함소리에 깜짝 놀라며 "그러면 나에게 영생이 있다는 것입니까?"라고 되물었습니다.

"하나님이 있다면 있는 것이지." 하는 무디의 말에 윌버 체프맨은 자신이 여지껏 하나님의 말씀을 믿지 않은 것을 깨달았습니다.

그리고 그는 신학을 공부하고 무디가 은퇴했을 때 그 교회 목사가 되었습니다.

몸과 마음을
풀어 주는
Ice Break

칭찬은 고래도 춤추게 한다

두 사람씩 짝을 지어 서로를 향해 3가지씩 칭찬을 합니다.
칭찬이 다 끝난 후에는 "축복송"을 부르며 축복해 줍니다.

4장

복음의 결과

복음은 그리스도 예수 안에서 하나님 나라를 얻게 되는 것입니다.
내가 예수 그리스도를 믿게 됨으로 누리는 보다 구체적인 축복은 무엇입니까?

1. 하나님의 ( )가 됩니다. 권세라는 의미는 무엇입니까? 또 아버지와 자녀의 관계는 어떤 축복이 있습니까?(요 1 : 12, 골 1 : 13-14, 갈 4 : 6-7)

___

___

○ 아들은 아버지가 가진 모든 것을 함께 누릴 수 있습니다. 이웃집의 아들 친구는 그렇게 할 수가 없습니다. 혈연관계는 변함이 없습니다. 아버지가 가진 모든 재산을 아들에게 물려줍니다.

2. ( )에서 영원히 살게 됩니다. 그 하나님의 나라는 어떤 곳입니까? 어떤 영광스런 존재가 됩니까?(계 21 : 7, 21-22, 계 22 : 5)

___

___

○ 천국의 길은 정금입니다. 성벽에는 열두 진주가 박혀 있습니다. 달마다 열두 가지 과일이 맺힙니다. 그만큼 화려하고 풍성한 만족이 있는 곳입니다. 진정한 샬롬이 있는 곳입니다. 그곳에서 세세토록 왕노릇합니다. 이 세상에서 가장 부귀영화를 많이 누리는 사람은 누구입니까?

3. 이 땅 위에서도 ( )의 삶을 살게 됩니다. 그것은 어떻게 가능할까요?(마 11 : 12, 11 : 28-29, 롬 14 : 17, 요 10 : 10, 빌 4 : 4-7)

___

___

___

○ 예수님을 믿으면 이미 영생을 얻었습니다. 그래서 이 땅 위에서도 천국의 삶을 살게 되는 것입니다.

4. 모든 (   )를 용서 받습니다. 당신은 죄책감에서 용서 받았습니다. 과거, 현재, 미래의 죄에서 용서 받았습니다(요일 1 : 9).

○ 바울도 죄책감으로 괴로워했습니다(롬 7 : 24). 그러나 십자가를 통하여 죄사함의 확신을 가졌습니다. 또한 성령께서 심령에 자유와 평강을 주셨습니다(롬 8 : 1-2).

5. 삶의 의미와 (   )을 알게 됩니다.

① 빌립보서 3 : 14

---

② 사도행전 20 : 24

○ 예수님을 만나기 전까지는 인생의 의미를 모릅니다. 방향과 목적도 없이 삽니다. 당신은 무엇에서 삶의 의미를 느낍니까?

6. (   )의 통로가 됩니다(마 16 : 16 - 19).

○ 하나님은 아브라함을 부르시고 축복의 근원이 되라 하셨습니다. 예수님은 교회에게 천국의 열쇠를 주셨습니다. 그리스도인들은 축복의 통로가 됩니다.

7. (   )하면 기도의 응답을 받습니다(마 7 : 7 - 10).

○ 하나님은 우리와 인격적인 교제를 하고 싶어하십니다. 예수님의 이름으로 기도하면 응답하신다고 했습니다. 그것은 또한 예수님의 실재를 확인할 수 있고 하나님의 현존을 경험할 수 있는 더 없이 좋은 길입니다.

8. 이 땅에서도 복을 받고 하늘나라에서 (   )을 받습니다(말 3 : 16, 고후 6 : 9 - 10, 마 10 : 40 - 42, 히 6 : 10, 고전 15 : 58, 계 22 : 12).

○ 세상을 살면서 우리가 다른 이로부터 은혜를 덧입으면 보답하고 싶어집니다. 하나님은 우리의 선행을 빚으로 여기시고 꼭 갚으신다고 했습니다.

9. (　　　)도 극복하게 됩니다(고전 10 : 13, 약 5 : 13－18, 고후 1 : 3－9, 시 119 : 71).

____

____

____

○ 그리스도인들은 고난의 유익을 압니다. 그리고 믿음으로 고난을 극복합니다. 하나님이 도와주시기 때문입니다.

10. 인생의 모든 (　　　)가 해결됩니다(롬 8 : 28, 갈 3 : 14－15).

____

____

____

○ 타락한 세상의 삶은 문제투성이입니다. 믿음 안에서 문제가 해결됩니다. 언제나 좋은 결과를 주십니다. 내가 십자가 앞에 나아가 기도할 때 언제나 좋은 것을 주십니다(롬 8 : 28－30).

■ **영상, 음악과 함께** "살아 있는 지구"(Planet Earth, BBC. NHK 제작)를 감상해 봅시다. 천국은 구체적으로 어떤 곳인지에 대해 이야기해 봅시다.

■ **적 용 과 나 눔** 이번 과에서 새롭게 깨달은 것과 개인적으로 적용하고 결단한 것을 기록한 후 서로 나누어 봅시다.

■ **찬양하고 기도하기** 복음을 통해 얻게 된 많은 것들을 고백하며 감사의 기도를 드립시다.

천.국.은. 정.말.로. 좋.은. 곳.입.니.까.?.

한 어린이가 목사님께 묻습니다. "목사님, 천국이 정말로 좋은 곳입니까?" "그럼 좋구 말구!" 어린이가 계속해서 묻습니다. "그럼 목사님은 천국을 가 보신 적이 있어요?" "아니." "그런데 목사님은 천국이 좋은지를 어떻게 알아요?" "그건, 천국에 간 사람들 중에서 한 사람도 돌아온 사람이 없거든."

그렇습니다. 천국은 너무 좋은 곳이어서 한 번 가고 나면 다시는 오지 않는 곳이기도 합니다. 그러나 예수님은 그곳에 살다가 오신 분이십니다. 예수님은 이 땅에 살고 있는 사람들을 천국으로 인도하기 위해 이 세상에 오셨습니다. 그러기에 예수님은 요한복음 14장 6절에서 "내가 곧 길이요 진리요 생명이니 나로 말미암지 않고는 아버지께로 올 자가 없느니라"라고 말씀하셨습니다.

정.형.외.과.

어떤 성도가 죽어 천국에 들어갔습니다. 천국은 성경에 있는 대로 황금보석이 찬란하였고, 기화묘초가 만발했습니다. 세상에서 볼 수 없는 신기한 것으로 가득 찼습니다. 그런데 성도는 어느 한 건물 앞에서 세상에서 볼 수 있던 것이 하나 있었습니다. '○○정형외과' 였습니다.

'참 이상하다! 천국은 죄 지을 일도, 고난도, 질병도, 죽음도 없는 곳인데 웬 병원이…….'

성도는 천사의 손을 잡고 2층으로 가 보았습니다. 그곳은 천국에 와서 여기저기 둘러보며 감탄하다가 입을 너무 크게 벌려 턱뼈가 내려앉은 성도들의 턱을 교정해 주는 곳이었습니다.

몸과 마음을
풀어 주는
Ice Break

나의 비전

나의 생애 중 가장 보람과 가치를 느꼈던 일은 무엇입니까?
그리고 앞으로 꼭 하고 싶은 일 3가지를 소개해 주십시오.

5장

복음과 결단

복음은 정보 전달만이 아닙니다.
복음은 결단과 고백을 요구합니다.
하나님의 초청 앞에 당신은 어떻게 하시겠습니까?
"회개하라 천국이 가까이 왔느니라"(마 3 : 2).

1. 당신은 자신이 죄인임을 인정합니까?(롬 3 : 23)

○ 죄에는 인류의 조상이 지은 원죄와 내가 스스로 지은 자범죄가 있습니다. 또한 사회적인 죄, 양심적인 죄, 영적인 죄가 있습니다(엡 2 : 1-2).

2. 이 죄의 문제를 해결하지 않은 채 세상을 떠난다면 결국은 어떻게 됩니까?(눅 16 : 9-31, 계 21 : 8, 막 9 : 48-49)

3. 인간의 죄로 인하여 이 땅 위에 모든 고난, 슬픔, 죽음이 왔습니다. 이 문제를 해결하기 위해 오신 분은 누구십니까?(갈 3 : 13-14, 요 5 : 24)

○ 십자가는 '즐거운 교환'이 이루어지는 장소입니다. 하나님은 나의 저주를 거두어 가시고 무엇을 선물로 주십니까?

4. 그분은 우리를 위하여 죽으심으로 천국으로 가는 다리가 되어 주셨습니다. 그 근거가 어디에 있습니까?(요 3 : 16, 롬 5 : 8)

5. 당신에게 삭개오와 같은 구원의 사건이 있습니까?(눅 19 : 1-10)

○ 기회는 늘 있는 것이 아닙니다. "보라 지금은 은혜를 받을 만한 때요 지금은 구원의 날이로다"(고후 6 : 2). 좋은 기회는 즉시 잡는 사람이 복있는 사람입니다. 순간의 선택이 영원을 좌우합니다.

○ 공허와 허무, 고독, 삶의 위기, 실패, 질병, 이혼, 사별, 삶의 짐이 무겁게 느껴질 때 하나님은 당신을 부르고 계십니다.

6. 구원을 받기 위해 꼭 필요한 것은 무엇이며, 그것은 인간의 행위로 받을 수 있는 것입니까?(엡 2 : 8-10)

○ 당신은 이제 하나님의 사랑을 깨달아 예수님을 '나의 구주, 나의 주님'으로 영접하시면 됩니다. 구원은 오직 하나님의 은혜와 믿음으로 이루어집니다.

7. '아! 그렇구나' 하고 예수님을 받아들이면 됩니다. 믿음의 내용인 사도신경의 내용을 살펴보고 믿음의 내용이 무엇인지 기록해 봅시다.

○ 기독교의 3대 신앙은 십자가, 부활, 그리고 재림입니다.

○ 믿는다는 것은 받아들이는 것과 맡기는 것 양면이 있습니다.

○ 믿는다는 것은 하나님의 사랑을, 그의 능력을, 약속을 믿는 것입니다. 하나님이 예수님을 통해 이루어 놓으신 것을 받아들이는 것입니다. 그의 십자가 보혈, 부활, 재림의 약속, 능력, 인격을 받아들이는 것입니다. 그리고 내 모든 것을 맡기는 것입니다.

8. 당신은 자신이 죄인임을 깨닫고, 예수님을 당신의 구원자로 영접하시겠습니까? 이제 당신의 믿음의 고백을 하나님께 드려 봅시다(롬 10 : 9-10).

하나님 아버지!
저는 이제껏 우리 인생이 어디서 와서, 어떻게 살다가,
어디로 가는지 몰랐습니다.
이제 ________을 듣고 내가 죄인임을 깨달았습니다.
저는 죄인입니다. 저의 죄를 용서해 주십시오.
________을 믿는 것 외에는 구원받을 길이 없음을 알고,
예수님을 나의 ________로 영접하오니 나를 받아 주옵소서.
예수님의 이름으로 기도드립니다. 아멘.

9. 나 이제 결코 흔들리지 않으리!(엡 2 : 6, 고후 6 : 9 - 10)

① 누가복음 19장 9절에서 이야기하는 구원의 시제는 언제입니까? 그것이 우리에게도 적용되는 사건입니까?

② 강도가 죽음 직전 구원받았다는 것을 어떻게 알 수 있습니까?(눅 23 : 43)

③ 요한복음 5 : 24에 의하면 믿는 자들에게 주시는 은혜는 무엇입니까?

④ 하나님과의 관계가 보통의 인간관계처럼 끊어질 수 있습니까?(요 10 : 28 - 29)

⑤ 우리는 새로운 하나님의 걸작품입니다. 우리에게 어떤 변화가 일어났습니까?(고후 5 : 17)

9. 구원은 내가 영접하는 순간 이루어집니다. 내 이름이 하늘나라 생명책에 기록됩니다.

① 빌립보서 3 : 20

____

② 요한계시록 13 : 8

____

____

나는 오늘밤 이 세상을 떠난다 해도 천국에 가는 것을 믿습니다.

○ 당신이 구원의 확신이 흔들리는 이유는 무엇입니까? 약속의 말씀에 근거하지 않기 때문입니다. 감정이나 느낌, 체험에 근거하고 있기 때문입니다. 믿음이 아닌 행위에 그 근거를 두고 있기 때문입니다. 칭의의 믿음과 성화의 믿음을 혼동하고 있기 때문입니다. 습관적인 죄를 반복하여 짓고 있기 때문입니다. 사탄이 구원에 대하여 의심하게 하기 때문입니다.

○ 구원의 3시제

이미 구원받았다(칭의), 이루어지고 있다(성화), 이루어질 것이다(영화).

○ 천국은 이미 왔습니다. 그러나 아직 오지 않았습니다. 천국은 통치적인 개념에서 하나님이 내 마음의 왕국을 다스리므로 이미 왔습니다. 그러나 장소적인 개념에서 아직 오지 않았습니다. 내가 죽은 이후 가는 나라입니다.

▮ **영상, 음악과 함께** "꿈속에 그려라 그리운 고향"(드보르 작, 교향곡 9번, 신세계 2악장)을 함께 들으면서 아래의 질문에 답해 봅시다.

:: 내가 12시간 후에 죽는다면 나는 어떤 느낌이 들고, 어떤 생각을 하며, 어떤 일을 할 것입니까?

:: 나의 가장 친한 친구가 나를 위해 조사를 쓴다면 어떻게 쓸 것입니까?

▮ **적용과 나눔** 이번 과에서 새롭게 깨달은 것과 개인적으로 적용하고 결단한 것을 기록한 후 서로 나누어 봅시다.

▮ **찬양하고 기도하기** 구원의 확신을 주신 하나님을 찬양하며 그 믿음이 지켜지도록 기도를 드립시다.

내.일.이.면. 날.으.리.!

곧 닥쳐올 혹독한 겨울 추위를 피하러 남쪽으로 떠나려고 준비하던 오리떼들이 모든 채비를 갖추고 파티를 마련했습니다.

큰 농장에 모여 곡식을 배불리 먹으며, 내일부터 펼쳐질 긴 여행을 위해 힘을 축적했습니다.

그때 오리 한 마리가 주저하며 말했습니다.

"나는 좀더 남아 이 맛있는 곡식을 충분히 먹고 갈 테니 너희들 먼저 가렴."

그래서 다른 동료들이 떠나고 난 뒤에 그 맛있는 곡식으로 배를 채운 그 오리는 내일 또 내일로 출발을 미루다가 결국 때늦게 날개를 펴고 농장 마당을 가로질러 날려고 했으나 불행히 너무나 살이 쪄서 날 수가 없었습니다.

결단의 순간을 상실한 그 오리는 남쪽으로 향할 기회를 영영 잃어버린 것입니다. 후회하는 오리에게 찾아오는 것은 매서운 추위뿐이었습니다.

"보라 지금은 은혜 받을 만한 때요 보라 지금은 구원의 날이로다"(고후 6 : 2).

부.록.

1. 평가서

2. 해 답

평가서

1. 복음이란 무엇입니까?

2. 왜 복음이 필요합니까?

3. 어떻게 복음을 누릴 수 있습니까?

4. 복음의 결과는 무엇입니까?

5. 신앙생활을 하는 사람과 하지 않는 사람의 차이는 무엇입니까?

복음을 듣고 결단한 이후 느낀 점을 기록하고 나누어 봅시다.

조용히 눈을 감고 시편 23편을 들어 봅시다.

여호와는 나의 목자시니 내게 부족함이 없으리로다
그가 나를 푸른 풀밭에 누이시며
쉴 만한 물가로 인도하시는도다
내 영혼을 소생시키시고 자기 이름을 위하여
의의 길로 인도하시는도다
내가 사망의 음침한 골짜기로 다닐지라도
해를 두려워하지 않을 것은
주께서 나와 함께하심이라
주의 지팡이와 막대기가 나를 안위하시나이다
주께서 내 원수의 목전에서 내게 상을 차려 주시고
기름을 내 머리에 부으셨으니 내 잔이 넘치나이다
내 평생에 선하심과 인자하심이 반드시 나를 따르리니
내가 여호와의 집에 영원히 살리로다
–시편 23편

해 답

1장 복음이란 무엇입니까?

4. 하나님 나라, 예수 그리스도

3장 어떻게 복음을 누릴 수 있습니까?

2. 믿음

① 옷을 받아 입음 ② 피를 바름

③ 붉은 줄을 걸음 ④ 뱀을 쳐다봄

⑤ 치유받음 ⑥ 돌아옴

⑦ 사모함 ⑧ 고백

4장 복음의 결과

1. 자녀
2. 천국
3. 천국
4. 죄
5. 목적
6. 축복
7. 기도
8. 상급
9. 고난
10. 문제

5장 복음과 결단

8. 복음, 예수님, 구주

지은이
양익모
장로회신학대학원(M. Div.)
계명대학교 대학원(Th. M.)
계명대학교 강사
영남신학대학교 강사
동산신학원 강사
현 대구만민교회 담임목사

출.애.굽. 프.로.젝.트. 첫. 단.계.

복음의 시작

초판발행 2010년 11월 20일
3쇄발행 2011년 7월 10일

지 은 이 양익모
펴 낸 이 채형욱
펴 낸 곳 한국장로교출판사
주 소 110-470 / 서울 종로구 연지동 135 한국교회100주년기념관 별관
전 화 (02) 741-4381 / 팩스 741-7886
영 업 국 (031) 944-4340 / 팩스 944-2623
등 록 No. 1-84(1951. 8. 3.)

ISBN 978-89-398-0664-1 / 978-89-398-0663-4(세트) / Printed in Korea
값 2,500원

기획편집차장 정현선 **편집과장** 이현주
교정·교열 원지현 **본문편집** 최종혜, 김지수
표지디자인 김지수 **일러스트** 강준구
업무과장 박호애 **영업과장** 박창원